—EL—
CHINGONARIO

Editorial
OTRAS INQUISICIONES

El Chingonario, 2010
Editor responsable: María del Pilar Montes de Oca Sicilia

D. R. © Editorial Lectorum, S. A. de C. V.
Centeno 79-A
Col. Granjas Esmeralda
C. P. 09810, México, D. F.
Tel. 55 81 32 02
www.lectorum.com.mx

Bajo acuerdo con:

© Editorial Otras Inquisiciones, S. A. de C. V.
Pitágoras 736, 1er. piso
Col. Del Valle
C. P. 03100, México, D. F.
Tel. 54 48 04 30
www.editorialotrasinquisiciones.com

Primera edición: febrero de 2010
ISBN: 978-607-457-070-0

Impreso y encuadernado en México.
Printed and bound in Mexico.

Para Alejandra y Nisa
31 de Diciembre 2014
carlostoledo

Hola Mami,
también firmé
♡ Nisa

–EL–
CHINGONARIO

DICCIONARIO de

USO, REUSO y ABUSO del *CHINGAR*

y sus derivados

Editorial
OTRAS INQUISICIONES

a chingarse bonito

Este libro que tiene en sus manos no es cualquier *chingadera* que se encuentre uno por ahí. No. Al contrario, es algo muy necesario en estos días porque los *chinga'os,* cada vez, salen más incontrolables de las bocas de los hablantes de esta preciosa tierra hasta evolucionar en frases hechas con diversos significados, tonos, matices y énfasis.

Gracias al *chingamadral* de variantes de sufijos que rematan la raíz *ching-* uno puede obtener un verbo, un adjetivo, un sustantivo o un adverbio —igual de modo, que de tiempo— combinado con lo que a uno se le ocurra para dar con expresiones *chingonas* que hacen que algunos se espanten y sonrojen, otros se rían entre reproche y disculpa y a los más les dé igual, porque son gente que «echa *chinga'os* por cualquier *chingadera*» y ya ni se fijan si *chingan* o no al prójimo.

Ya lo dice —y muy *chingonamente* dicho— Octavio Paz en *El laberinto de la soledad,* las malas palabras son «palabras prohibidas, secretas, sin contenido claro y a cuya mágica ambigüedad confiamos la expresión de las más brutales o sutiles de nuestras emociones o reacciones. Palabras malditas, que sólo pronunciamos en voz alta cuando no somos dueños de nosotros mismos», y eso significaría lo que es lo mismo —digo yo— ¿que el mexicano nunca es dueño de sí mismo?

El fenómeno que implica el uso de *chingar* y sus variantes, como dice Paz, es una forma de empoderarse, de envalentonarse o de liberarse, y es que a uno no le sabe igual mandar a otro «a chingar a su madre» que mandarlo «a incomodar a su progenitora».

Por otro lado, es un hecho que el mexicano ha logrado ampliar su léxico gracias a este verbo pero a la vez, lo ha reducido por sustituir todo tipo de palabras por estas *chingaderas.* Y aunque el español *se chingue*, lo cierto es que tras proferir un «jijo de la chingada» uno se siente pleno, relajado y con la firme convicción de haber dicho y expresado sus sentimientos.

Si bien, a uno de niño le dijeron que eran malas palabras, lo amenazaron con lavarle la boca con jabón o le propinaron algún *chingadazo* tras un retador «chíngome yo» dicho entre dientes; cuando uno crece y se libera del yugo materno, manda todo aquello *a la chingada* y no nos sorprende que, a pesar de que nadie nos enseñó a usar estos términos, no hay mexicano que no entienda el sentido de alguna frase o palabra —la use o no.

La inspiración de este *Chingonario* nos la dio aquel diccionario *El chingolés: Primer diccionario del lenguaje popular mexicano* —recopilado por Pedro María de Usandizaga y Mendoza, y publicado en 1972— que fue muy bueno pero perdió vigencia hace ya *un chingo* de tiempo. Este homenaje, me atrevo a asegurar —¿cómo *chinga'os* no?— ha tratado de no dejar un *chingado* suelto, ni fuera a ninguna definición, además que ha logrado reunir un *chinguero* de frases hechas con ejemplos y contextos como mi expresión favorita: ¡chin-ga-da-ma-dre! que, por supuesto, no echo así nomás, sólo cuando lamento profundamente algo que *mucho me chinga*; pero exhaustivo no es, y sabemos que el lector encontrará algunas expresiones que no han sido incluidas y nos las hará llegar.

Por eso, le recomiendo que lea usted estas expresiones, de verdad, con énfasis y empleando la entonación adecuada y el gesto preciso, y si puede, apréndaselas de memoria. *No la chingue*, no sea que diga muy simplonamente y así como cualquier cosa un *¡te me vas a la chingada!* como quien pide un vaso de agua. En una de ésas, quién sabe, y de *un chingadazo* hasta descubre un nuevo uso para alguna de estas frases. No *chingue*: no lea en *chinga* ni de un jalón, mejor disfrute este libro que seguro le hará soltar un *chingo* de carcajadas.

Victoria García Jolly

advertencias de uso

El presente *Chingonario* es una obra útil que hace referencia a los diferentes usos de *chingar* en el habla cotidiana. El *Diccionario de la Lengua Española* define este término como *importunar, molestar,* o bien, *practicar el coito;* sin embargo, *chingar* tiene un sinfín de acepciones dependiendo del contexto en que se utilicen. Porque c*hingar* es más que un verbo, es un concepto amplio, toda una cosmogonía que conlleva mil y un significados que lo vuelven útil, único, diferenciador, lógico, prelógico, ilógico y más.

Tal es la función de este *Chingonario,* que pretende mostrar los usos comunes que, en México, derivaron del verbo *chingar;* adjetivos, sustantivos, adverbios y otros vocablos como: *chingada, chingón, chingadazo, chinguetas, chingadera, chingados, chinguero,* etcétera. Además de frases hechas y comunes, establecidas ya dentro del imaginario mexicano de una cultura franca, pícara, chusca, altisonante, pero sobre todo, dicharachera y muy ingeniosa.

Los editores sabemos perfectamente que usted, querido lector, al ser mexicano, además de disfrutar enormemente este libro, también encontrará nuevas frases, nuevos usos y más acepciones porque así es la lengua, y así es el *chingar;* cambia con el tiempo, con las costumbres y las modas, pero siempre nos acompañará.

Eufemismos

Al final de este libro, se integra una lista de eufemismos —expresión suave y decorosa que se usa para sustituir palabras que se consideran impropias y malsonantes— derivados de nuestro verbo en cuestión, pensados para aquellos tímidos que tienen ganas de echar chingados, pero que, simplemente, no se atreven. Sin embargo, recomendamos utilizarlos sólo cuando, en realidad, no sea posible pronunciar en voz alta los originales; por ejemplo, cuando necesite «mandar a la fregada» a alguien y se encuentre enfrente de su abuela, de su madre, de su jefe, de su novia, y sobre todo, de su suegra.

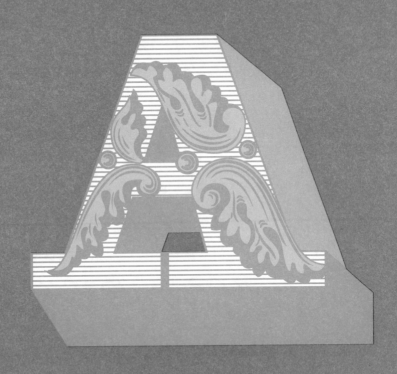

a chingadazo
limpio

Expresión que se usa cuando una persona —de preferencia hombre— está dispuesta a entrarle a los trancazos limpiamente, es decir, sin otra herramienta más que sus manos. Esta acción es propia de alguien valiente, audaz y muy chingón.

- —Si nos vamos a dar en la madre que sea *a chingadazo limpio*.

- —En plena cáscara se armó el desmadre *a chingadazo limpio*.

- —De joven era bien peleonero y siempre se agarraba *a chingadazo limpio* con sus compañeritos.

a chingar a su madre

Expresión que decimos a quien ya nos ha colmado la paciencia para que, finalmente, nos deje en paz; o bien, cuando deseamos deshacernos de una persona
con prontitud o para instruir a nuestros conocidos para que hagan lo propio. Para
enfatizarla, puede acompañarse con un sonoro chasquido de dedos.

- **En una fiesta a las 2 de la mañana:**
  —A ver, todos: *¡a chingar a su madre!*

- **—Los niños no pueden estar aquí, *¡a chingar a su madre!***

- **—Bueno, y tú, ¿qué esperas para mandarlo *a chingar a su madre?***

a chingarse bonito

Frase imperativa que en los talleres mecánicos —aunque esto no exime a ningún tipo de empresa— enuncia, por lo general, el empleado de mayor jerarquía a uno o varios de sus subalternos, para sugerirles que trabajen intensa y esmeradamente.

- —Ahora sí, cabrones: *a chingarse bonito.*
- —Puro cotorreo y bla bla bla, pues ahora *a chingarse bonito.*

¿a dónde chingados...?

Esta expresión puede completarse con todas las conjugaciones posibles del verbo *ir: voy a ir; vas, fuiste, piensas ir; va, piensa ir, fue, irá; vamos, iremos; fueron, van,* etcétera. Se recurre a esta frase cuando una persona —bastante encabronada—, cercana a otra, y con la autoridad suficiente para cuestionar su comportamiento, le pregunta —a su llegada— el motivo de una ausencia más larga de lo previsto.

—¿Fuiste a ordeñar a la vaca o por qué tardaste tanto en comprar la leche? *¿A dónde chingados fuiste?*

—Oye, niño, ayer llegaste a las 6 de la mañana y hoy otra vez quieres salir, *¿a dónde chingados* piensas ir?

— A mí no me vas a ver la cara: *¿a dónde chingados crees que vas?*

¿a dónde vas con esa chingadera?

En esta oración interrogativa, la palabra *chingadera* hace referencia a un objeto considerado poco valioso que es trasladado de un lugar a otro por razones
desconocidas para quien pregunta. La acción se realiza, en general, de modo
misterioso o a espaldas del hablante, por lo que provoca su curiosidad.

- **—Oye, ¿por qué tanto misterio? *¿A dónde vas con esa chingadera?***

- *—¿A dónde vas con esa chingadera?*
  **—Es que ya no cabe en el estudio, la voy a poner en
  mi cuarto encima del escritorio.**

¡a la chingada!

Frase muy común que usamos cuando le damos fin a algo, tiramos un objeto por inservible, cuando terminamos un trabajo a como dé lugar o cuando ya no queremos ver a una persona y la mandamos justo a...

- **¡A la chingada! Ya estoy harto de tantas injusticias.**

- Pinche computadora lenta. *¡A la chingada!,* ahora no hago nada.

- **¡A la chingada!,** qué necesidad tengo de estarle rogando a esa vieja, ni que estuviera tan buena.

¿a mí qué chingados me importa?

Esta frase se utiliza a manera de respuesta, tras una declaración referida por el interlocutor acerca de una de las 80 000 cosas que nos importan poco o sobre la cual no quisiéramos enterarnos nunca.

- —¿Supiste que Lucerito se cortó el pelo? —Y *a mí, ¿qué chingados me importa?* ¡Por mí que se rape!

- —¿De qué crees que me enteré? Que Raúl hace un mes regresó con Paola y ya hasta se van a casar. —¿Y para qué me cuentas? *¿A mí qué chingados me importa?*

¿a qué chingados...?

Esta expresión puede completarse con todas las conjugaciones posibles del verbo *ir: viniste, fuiste, vas,* etcétera; así como con las siguientes locuciones verbales: *me llamaron, le estás tirando, estás jugando,* etcétera. Pone en evidencia una gran inconformidad con la situación en la que se encuentra o con la presencia de una persona *non grata.*

- —*¿A qué chingados* le tiras, Ramón? Son las 3 de la mañana.

- Si a la boda de Juan llega su exnovia sin invitación, éste le dice: —¡No inventes, María!, *¿a qué chingados* viniste?

- Cuando estás en una junta y no sabes ni de qué se trata: —No sé *a qué chingados* me llamaron.

a

¿a qué vienen tantas chingaderas?

Esta expresión es la de quien, tras haber escuchado una larga lista de afirmaciones o situaciones —a su parecer estúpidas, irracionales y/o molestas—, a veces injuriosas o inquisitivas hacia su persona, explota como olla exprés, por lo que espera a cambio una solución de su agresor, a veces sin respuesta.

—En plena crisis, el gobierno nos recortó el presupuesto, aumentó los impuestos y se elevó el precio de las verduras, el arroz y hasta las medicinas... *¿A qué vienen tantas chingaderas?*

—Mario, llamé a tu trabajo y no estabas, llegaste tarde el viernes a la casa, busqué en tus pantalones y...
—A ver, ya dime... *¿a qué vienen tantas chingaderas?*

¿a quién chingados...?

Esta expresión puede completarse con todas las siguientes locuciones verbales: *le digo, le informo, le doy, se le ocurre*, etcétera. Oración interrogativa en la que solicitamos información acerca de algún asunto, siempre con un notable sentimiento de enfado e impaciencia en la voz, pero evidente también en la cara.

- —¿Me pueden informar *a quién chingados* le digo que me arregle la computadora?

- —¿*A quién chingados* se le ocurre decirnos que vengamos a trabajar con este pinche frío en sábado?

¡ah, chingá!

Expresión que usamos cuando algo nos causa asombro o sorpresa. En ocasiones funciona como sustituto de la frase: «¿A poco?». Y siempre, pero siempre, viene acompañada de una mueca de desconcierto y con el peculiar chasquido de dientes y lengua, que suena algo así como /pchs/. También la utilizamos cuando tenemos la cabeza revuelta, por lo que entonces la pronunciamos doble y rápidamente.

> —Ahora resulta que sale en la tele...
> —¡Ah, chingá!

> —Un trinomio es cuadrado perfecto si el doble producto de las raíces de los extremos produce el término lineal o medio...
> —¡Ah, chingá, chinga!

¡ah, cómo chingas!

Expresión que indica, además de hartazgo, un límite expresado al comportamiento de otra persona que insiste en algo de forma recalcitrante.

—¿Ya tienes el dinero que te pedí?
—¡Ah, cómo chingas! Te acabo de decir hace una hora que en dos días me pagan y que entonces te lo doy.

—¡Ah, cómo chingas! con lo del cambio de formato, ¡hazlo y ya!

¡ah, que la chingada!

Frase coloquial utilizada en casos de sorpresa, hartazgo o admiración ante algo inesperado. Se usa en lugar de «¡no me digas!», «no lo puedo creer», «es una pendejada» o «¡qué barbaridad!».

- —**Fíjate que a Torcuato lo corrieron por transa.**
  —*¡Ah, que la chingada!*

- —**Pa, ya iba para allá, pero me acaba de agarrar el alcoholímetro.**
  —*¡Ah, que la chingada!*

- —**Mi prima volvió a romper la dieta.**
  —*¡Ah, que la chingada!*

¡ahora me lo chingo!

Expresión que se utiliza como respuesta a una acción que genera molestia y deseos de venganza, por lo que hasta el más 'mosquita muerta' puede explotar de repente ante una injusticia o ante alguno de los llamados chingaqueditos y anunciar, de esta manera, su inconformidad.

- —Se la pasó haciendo mi vida de cuadritos y queriéndome quitar mi puesto, pues ya me cansé, *¡ahora me lo chingo!*

- —Creyó el muy cabrón que le podía ver la cara a mi hermana engañándola con otra, *¡ahora me lo chingo!*

¡ahora te chingas!

Expresión impositiva utilizada a modo de castigo o reprimenda, cuando una persona le informa a otra, que no tiene más remedio que llevar a cabo esa actividad que preferiría evitar y que se corresponde con la peor opción dentro de una lista determinada de posibilidades.

- —Te dije que limpiaras tu cuarto; ni modo, *¡ahora te chingas* y no vas a tu fiesta!

- —¡Cómo que se te olvidaron los hielos! *Ahora te chingas* y te regresas por ellos.

- —Querías tener hijos, ¿no? *Ahora te chingas* y los cuidas.

al chingadazo

Frase que se utiliza cuando hacemos una labor sin pensarlo bien, sin detenimiento, atropelladamente, de manera descuidada y deficiente.

- —Esa secretaria nueva, hace todo *al chingadazo.*

Además, de este proceder deriva el célebre «Método Vilchis», que consiste en hacer todo *al vil chingadazo:*

- —Ya ni se fija, lo hace todo con el «Método Vilchis»: ¡*al chingadazo!*

andar de la chingada

Esta expresión puede completarse con todas las conjugaciones del verbo *andar: andaba, ando, anda,* etcétera. Se usa esta frase para referirse a una persona que se encuentra en un estado deplorable, tanto físico como anímico; el tono al pronunciarla es triste, a la vez que empático, cuando la dice alguien que conoce bien a esa persona y sufre de verla tan mal como una piltrafa. También se usa cuando nos queremos referir a una cosa que no funciona del todo bien.

- —Lindsay Lohan va de mal en peor, se ve que *anda de la chingada.*

- —Cuando murió su mamá, *andaba de la chingada.*

- —Hoy sí, la Red *anda de la chingada.*

¡basta de

chingaderas!

Locución que significa «un hasta aquí» y se acompaña con un manotazo en la mesa; es también un «me colmaste la paciencia» dicho con sentida expresión... y es que, uno es buena gente, pero hay límites, ¿no?

—Me engañó, la caché y la perdoné una vez; la volví a cachar y le dije que la tercera iba a ser la vencida. Así que *¡basta de chingaderas!*: que junte sus cositas y se vaya de puntitas a chingar a su madre.

bien que se chingó

Esta expresión puede tener las siguientes variaciones: *bien que se chinga, bien que se tuvo que chingar, bien que se tenía que chingar, bien que se chingan*, etcétera. Frase que provee honor a quien honor merece: un reclamo de justicia y de reconocimiento ante alguien que «se ha chingado de lo lindo» y no ha recibido ninguna recompensa. Se pronuncia normalmente cuando amenaza la injusticia, la ingratitud, el detrimento, la arbitrariedad o el atropello.

- —¡No se vale! Mi tía *bien que se chingó* para sacar adelante a mis primos, pa' que ahora la quieran dejar en la calle. Pero me van a oír esos desgraciados...

- —Ella *bien que se chinga* trabajando y él en la casa, de bolsa.

bonita chingadera

Esta expresión, para surtir efecto, debe entonarse con ironía. Si se lee literalmente, podría tratarse de un oxímoron: una chingadera bonita; pero la verdad es que expresa reproche y una infinita decepción; algo así como «tanto para nada». También se aplica ante un engaño, traición o abuso —o sea, una chingadera— no muy grave, pero cometida con alevosía.

- —Tanto se chingó Tavo todo el año, para que a la mera hora le dieran 300 pesos de aguinaldo... *¡Bonita chingadera!*

- —*¡Bonita chingadera* llegar a estas horas y sin ni siquiera unas chelas!

cada chingadera

O también: alguna chingadera. Se aplica cuando designamos la forma en la que actúa una persona con conocimiento de causa; o bien, cuando lo que hace es de mala calidad, por lo que siempre su desempeño en esa actividad en particular deja mucho que desear.

- —Es que, Bealusteguigoitia es impredecible; te sale luego con *cada chingadera* que no veas...

- —Yo ya no voy a la feria de arte contemporáneo; es que exponen *cada chingadera*...

- —¡No! Ya no vuelvo a invitar a Purificación a ningún lado. Siempre sale con *alguna chingadera*.

cargar la chingada

Esta expresión puede completarse con todas las conjugaciones posibles del verbo *cargar: me carga, ya te cargó, ahora sí nos va a cargar*, etcétera. Cuando andamos de un humor extraño en el que nada nos sale bien, tenemos que echarle la culpa a alguien y qué mejor que a la chingada, ya que al fin y al cabo, chingados ya estamos. Y cuando es mucho el enojo, debemos pronunciarla de la siguiente manera: «¡Me carrrrga la chingada...!»

- —Me quedé sin gasolina, *¡me carga la chingada!*

- —Se manchó el tapiz de mi mamá con el vino de la fiesta, ahora sí *nos va a cargar la chingada...*

casa de la chingada

Esta expresión puede completarse con las siguientes locuciones verbales: *vive hasta* o *está en/por, fue a,* etcétera. Se refiere a un lugar incierto y muy, muy lejano; se utiliza cuando se quiere poner énfasis en la gran distancia que separa dos puntos, por lo que la expresión «demasiado lejos» no resulta suficiente.

- —La fiesta es hasta *casa de la chingada.*
- **—José Luis vive en *casa de la chingada.***
- —No manches, ¿qué fue a *casa de la chingada* a comprar la piñata?

¿cómo chinga'os no?

Significa que contamos con los argumentos suficientes para afirmar enfáticamente que es inútil que traten de convencernos de lo contrario, de detenernos o de hacernos desistir.

- —No traigo dinero.
  —*¿Cómo chinga'os no?* Si acabas de cobrar.

- —No puedes tú solo.
  —*¿Cómo chinga'os no?* Nunca he necesitado vejigas pa' nadar.

...como la chingada

1. Esta expresión puede completarse con los siguientes verbos: *chilla, baila, llora, canta, ronca,* etcétera. Sinónimo de *abundancia,* permite definir una queja que supera cualquier emisión sonora producida por ser vivo alguno y que por lo regular, lejos de estar vinculado con un pesar auténtico, tiene que ver con un capricho exacerbado.

> —¿Dónde está la madre de este chingado escuincle que chilla *como la chingada?*

> —No sé pa' qué la saqué a bailar, si baila *como la chingada.*

2. Esta expresión puede completarse con los siguientes adjetivos: *feo, pendejo, gorrón, güera, pobre, jetudo, macho, huevón,* etcétera. Acentúa la condición desfavorable de alguien o alguna situación, comparándola con algo tan representativo o lleno de defectos, malestares y/o excesos como la misma chingada.

> —Ese *güey* es negro *como la chingada,* ¡en la noche ni lo ves!

> —No le des aventón, ese cabrón es encajoso *como la chingada.*

¿con quién chingados...?

Esta expresión puede completarse con las siguientes locuciones verbales: *vas, estás, me voy, te metiste, comiste, piensas*, etcétera. Para averiguar a como dé lugar algo de lo que somos ignorantes, esta pregunta es la mejor manera de hacerlo, a la vez que demostramos nuestro enojo cuando las cosas no están hechas a nuestro antojo.

- —*¿Con quién chingados* está Luly en esta foto? Pero si no le costó nada, terminamos hace un mes y ya anda golfeando.

- —¿Entonces *con quién chingados* comiste si no llegaste a la casa a la hora de la comida?

¡con una chingada!

Esta expresión debe sonar clara y contundente, y quien la pronuncia siempre lo hace de mal modo y la acompaña con un grito, como queriendo decir que ya se le acabó la paciencia, que no aguanta más, que está harto o que siempre reincide en lo mismo.

- —¡Con una chingada!, ¿quién me volvió agarrar todas mis plumas?

- —¡Con una chingada! Recogen sus juguetes o van a ver.

¿cuándo chingados piensas...?

Esta expresión puede completarse con los siguientes verbos: *llegar, levantar, volver, estudiar,* etcétera. Inquisición que surge cuando la paciencia se ha agotado ante algo que ya lleva demasiado tiempo sin consumarse y puede ser utilizado con gran variedad de verbos.

—*¿Cuándo chingados piensas* levantar esa colilla de cigarro? Lleva todo el día en esa macetera.

chinga

Este sustantivo puede acompañarse de las siguientes locuciones verbales: *que le pusieron, que me dieron, la que nos vamos a dar;* o bien, con todas las conjugaciones posibles del verbo *estar: es, era, va a ser* y con los artículos: *la* y *una.* Define cierta agresión o daño evidente que ha recibido alguien que, en cierta medida, se merecía con creces cuanto le pasó.

▪ —¿Viste *la chinga* que le pusieron al Berlusconi?
—Hasta se habían tardado: él mismo se lo buscó por bravucón.

▪ **—Qué *chinga* fajar en el coche y que te cache un policía.**

▪ —No hay peor *chinga* que la que se ponen los que se van de procesión a la Villa.

¡chingá!

Interjección y apócope de *chingada madre.* Se refiere a cuando alguien logra sacar al ogro que todos llevamos dentro y entonamos un *¡Chingá!* acompañado de un gesto de molestia, haciéndole saber que ésta es la primera advertencia, ya que la siguiente podría ser peor.

- —*¡Chingá!* Ya deja de fregar, ¡estoy trabajando!
- —*¡Chingá!* Ya se me corrió la media.
- —*¡Chingá!* No hay nada en el refri.

¡chinga tu madre!

Este expresión es, por mucho, la madre de todas las ofensas. Se le dice a otra persona cuando alguna de sus acciones nos ha molestado sobremanera, hasta el grado de provocarnos una rabia incontenible. También con este mensaje catártico, por lo general, se pone punto final a la discusión.

> —*¡Chinga tu madre!* Te dije que no le contaras a mi papá lo del coche.

> —¿Le pusiste el cuerno con su hermana? *¡Chinga tu madre!*

> —Pero es que mi intención no era lastimarte...
> —Ay, *¡chinga tu madre!*

chingada

Esta expresión puede completarse con los siguientes verbos: *mandar a la, irse a la,* etcétera. Lugar —de ubicación geográfica incierta y lejana— al que todo mexicano envía o es enviado con cierta frecuencia por las más diversas razones, eso sí, cuando toda posibilidad de conciliación es imposible.

- —¿Tú qué harías si al tercer día de conocerla te pregunta: «¿Y tú y yo qué somos?»
  —No, pues la mando a la *chingada.*

- —Óyelo bien, la próxima vez que te vea con mi novia, te vas a ir a la *chingada.*

¡chingada madre!

Expresión que denota, además de reclamo, cierto aire de conmiseración por un error propio o ajeno, pero que de todos modos uno debe pagar y resolver a como dé lugar. Para darle más énfasis, debe decirse despacio y con salivación: *¡Chin-ga-da ma-dre!* Una variación de esta locución es la de anteceder un: *Hijo de su...*

- —*¡Chingada madre!* Se largó Modesta como chacha y nos dejó colgados con la chamba...

- —*¡Chin-ga-da ma-dre!* Ya se chorreó la pluma fuente y pa' colmo, ya me embarré toda.

chingadazos

Sustantivo que funciona como sinónimo de *golpes, trancazos* y *madrazos*. Se utiliza de la manera que mejor le acomode a cada quien, así que alguien puede «entrarle a los *chingadazos*», mientras otros prefieren pegarle unos *chingazos* a quien todavía no haya aprendido a darlos. La forma *chingazos* se utiliza más comúnmente en el norte del país.

- —Si no te acabas la sopa, te voy a dar unos *chingadazos*.

- —A patinar se aprende a *chingadazos*.

- —Se traían ganas ¿no?, pues ya van, éntrenle a los *chingadazos*.

chingadera

Expresión que se refiere a improperios o reclamos que tienen su origen en una molestia superflua. Es un sustantivo que otorga cierto carácter despectivo al elemento al que hace referencia: «¡Qué *chingadera!*». En otros casos, lo dota de una valoración negativa, ofensiva, o a manera de insulto: «Me dijo una *chingadera*».

- Si en el trabajo un compañero le pide a otro, de mala manera, que haga algo que no quiere; éste al entregarlo le dice:
  —Aquí están tus *chingaderas.*

- **—No quiero volver a saber nada de ti, aquí están tus *chingaderas.***

- —Y esta *chingadera*, ¿quién la compró?

chingadera y media

Expresión utilizada para describir la acción de un tercero cuando habla demasiado al expresarse con respecto a algún tema en específico. También se refiere al hecho de hablar sin un contenido claro, *sin ton ni son* o *a tontas y a locas*. Es acompañado, regularmente, del infinitivo de verbos, como: *hacer, decir, guardar, tener, pensar, ocurrírsele,* etcétera.

▪ —Cuando se trata de política, a Pedro le sale *chingadera y media.*

▪ **—Se la pasa guardando *chingadera y media.***

chingaderita

Forma en diminutivo del sustantivo despectivo u ofensivo *chingadera*, que funciona para disminuir su carga negativa. Dícese de un elemento, objeto o persona sumamente pequeño, o de muy poca importancia.

- —Su coche es una *chingaderita.*

- —Conocí al tal Juan y me da una ternura, es una *chingaderita,* mide como 1.50 m.

ch

chingado/a'o

Adjetivo que hace referencia a algo desconocido para nosotros, ya sea para algo raro, que no sabemos usar, o bien, que de repente apareció de manera sorpresiva. Se puede pronunciar como *chinga'o* en todos los casos.

—¿De quién es este *chingado* suéter que dejaron en mi silla?

—**Estos *chingados* lentes se deshacen.**

—No encuentro al *chinga'o* niño en Facebook.

chingados

Locución interjectiva que, como ¡*diablos!* o ¡*demonios!*, expresa impaciencia o admiración extremas. Con frecuencia adereza y enfatiza preguntas. También es común encontrarla con la forma *chinga'os.*

- —Ah, jijos, ¿qué *chingados* es eso?

- **—¿Me puedes decir cómo *chinga'os* piensas hacerle para pagar?**

- —Si son mis marranadas, tons ¿a ti en qué *chinga'os* te afecta?

chíngalo

Este verbo puede acompañarse de las siguientes locuciones locativas, adjetivas o nominales: *en, bonito, tú, con lo de,* etcétera. Refiriéndose a una tercera persona, es una expresión utilizada como sugerencia con tintes imperativos cuando se desea molestar a otro por motivos justificados, o no. Ya sea por revancha o por el puro arte de chingar.

- —Pues *chíngalo* en la fiesta, y llevas al otro para que se le quite.

- —Ahora *chíngalo* tú, con lo de sus pantalones de «brincacharcos».

- —*Chíngalo* con lo de la «gordis» de su novia a ver qué te dice...

chingamadral/ chingomadral

Colectivo comúnmente utilizado con el artículo indefinido *un*. Significa: más que mucho; y se usa para referirse a cantidades incontables o situaciones en las que sería ocioso contar todos los elementos.

- **—Los quise contar, pero eran un *chingomadral*.**

- **—Hay un *chingamadral* de modelos, no sé cuál comprar.**

- **—Para hacer los romeritos, se necesitan un *chingomadral* de camarones.**

¡chingao!

Interjección que se suele utilizar en casos de mucho enojo o desesperación.

- —*¡Chingao!* Se borraron todos mis archivos del disco duro.

- —*¡Chingao!* A este *güey* ya le expliqué mil veces y todavía no entiende nada.

- —*¡Chingao!* No se me ocurre ningún ejemplo para *El chingonario.*

chingaquedito

Adjetivo con el que describimos a quien tiene como oficio molestar en poquitos una vez tras otra; es decir, al que es 'cuchillito de palo'. También se usa para aquellos taimados que navegan con bandera de tontos, pero que de tontos no tienen ni un pelo.

- —Tú muy calladito, pero bien que eres *chingaquedito.*

- —Pareciera que no, pero Carlos es más bien puro *chingaquedito.*

ch

chingar de un hilo

Esta expresión puede acompañarse de todas las conjugaciones posibles de *chingar: chíngalo, ya lo chingó, lo voy a,* etcétera. La frase engloba la maravillosa y entretenida manía de *chingar y chingar,* es decir, insistir como 'cuchillito de palo', sólo con la finalidad de conseguir lo que nos venga en gana.

- —*Chíngalo de un hilo,* y vas a ver cómo el día menos pensado, presenta su renuncia.

- —Quieres que te haga caso, *chíngalo de un hilo* y lo vas a tener comiendo de tu mano.

chingarse

1. Esta frase se utiliza, sobre todo, cuando un objeto se descompuso o se rompió. 2. También se usa como sinónimo altisonante del verbo *robar,* es decir, cuando los «amantes de lo ajeno» hacen su aparición y *se chingan* cuanto tenemos. 3. Cuando decimos que hay que chingarse algo, es porque es necesario que alguien se lo coma.

- —Tenía quince años con su coche, algún día tenía que *chingarse.*

- **—Acabaron por *chingarse* todo lo que había en el departamento, ¡hasta los chones de Mary!**

- —Ni modo, como nadie se la comió, hay que *chingarse* esta quesadilla.

chingarse solito

Esta expresión puede acompañarse de todas las conjugaciones posibles de *chingarse: me chingué, se chingó, te chingas, te vas a chingar*, etcétera. En esta frase, si *chingarse* se acompaña de *solo* o *solito*, se refiere a cuando a uno le sale el tiro por la culata por andar de ofrecido y hocicón.

—Lo sabía; por andar chingando a todos, *se chingó solito.*

—Dije que no tenía nada que hacer, y ahora sí *me chingué solito*, me encargaron organizar la fiesta y hacer las invitaciones.

chíngate ésta

Sugerencia que se le hace a un tercero cuando estamos a punto de decirle algo que le va a interesar.

- *—Chíngate ésta:* Sofía muere por ti.

- *—Chíngate ésta...* **échate ese trompo a la uña.**

- *—Chíngate ésta...* corrieron a Tania.

chíngatelo

Instrucción que se imparte a alguien para que ejecute con prontitud y maestría algo que debería realizarse en varios pasos pero que, por la imperiosa necesidad, no hay tiempo suficiente. Dependiendo de la circunstancia, puede significar: *hacer, terminar, tomar, comer,* etcétera.

- **—Se nos olvidó el artículo de hoy...** ***chíngatelo* ya y envíaselo a Victoria.**

- —¡Fondo, fondo! ¡De hidalgo, compadre!
  —¡*Chíngatelo* tú! Yo ya no puedo.

- **—¿Te vas a terminar las papas? —No,** ***chíngatelas.***

ch

chingativo

Adjetivo que designa a ese sujeto infaltable en todo círculo humano que destaca entre todos, por sus ganas de *chingar*.

- —Quién lo aguante, esta mañana Juan despertó con ánimo *chingativo*.

- —Qué habré hecho en mi otra vida que siempre tengo jefes con espíritu *chingativo*.

- —De tal palo tal astilla, Fernandito cada vez se parece más a ti. Salió bien *chingativo*.

chingo a mi madre si no...

Esta frase es típica de una persona de honor, ya que ante un hecho antepone un fiador: su madre. Es un «te lo juro que» y si no lo cumple, que le corten uno y la mitad del otro.

—*Chingo a mi madre si no* consigo ese trabajo.

—***Chingo a mi madre si no*** logro que Ana María ande conmigo.

ch

Chingolandia

Dícese de la tierra y patria del *chingón* o de los *chingones*. Por extensión, designa un lugar, una escuela, una casa, un taller o cualquier otro centro de trabajo donde, el que menos, es poco menos que un *chingón*.

☐ —¿Ya ve como le quedó de poca su coche? ¡P's si aquí es *Chingolandia*, jefe!

☐ —Siempre como que estás en *Chingolandia.*

chíngome yo

Apelativo enfático con el que, inconformemente, uno se refiere a sí mismo frente a alguien más, quien nos plantea de manera injusta una situación que nos perjudica o desfavorece. La sintaxis en hipérbaton produce énfasis en lo chingado y se produce con el uso del pronombre *yo*.

—Ni modo. Nosotros vamos por las piezas en el coche y tú te regresas a la oficina en camión.
—¡Claro! *¡Chíngome yo!*

La sirvienta a las 6 de la tarde:
—La señora va a dar una cena y *chíngome yo*.

ch

chingón, a

Insustituible adjetivo —que también se usa como sustantivo— que designa en alto grado las características de una persona, situación o cosa, de tal modo que deja corto todo lo demás. Si quien lo aplica lo hace para sí mismo, puede significar presunción o prepotencia, pero si lo atribuye a un tercero, denota admiración.

- —No cabe duda que soy un *chingón* para manejar.

- —Ese Maradona sí que es *chingón.*

- —Su revista está *chingona.* La neta, se la rifaron bien cabrón.

chingonada

Expresión que remite al resultado de una acción que se realizó de un modo soberbio o excelente, es decir, *chingón*. Coloquialmente *chingonería* y *chingonada* son usados indistintamente.

- —Aunque no ganaron la final, el Cruz Azul es una *chingonada*.

- —¡Qué *chingonada* de blusa!

- —No chingues, tu presentación fue una *chingonada*.

chingonamente

Adverbio que se usa cuando queremos expresar, con total agrado, que la acción fue ejecutada de modo fácil y por lo general con excelentes resultados. También se utiliza con ironía cuando se quiere manifestar que la acción fue realizada sin pena alguna e incluso de manera ventajosa, para el otro.

- —Esteban le dio una botella al profesor y pasó *chingonamente* sus exámenes.

- —Estaba formado en la fila del súper y un cretino *chingonamente* se metió.

- —Le dije a mi novio que pasara por mí para ir a cenar y *chingonamente* me dijo que no, que ya había cenado.

chingonazo

Deriva de *chingón*, y es una expresión superlativa como *chingonsísimo*, pero que se aplica exclusivamente a personas. Denota reconocimiento, admiración, reverencia.

- —Acabo de ver la última película de Meryl Streep. De veras que esa mujer es una *chingonaza*.

- —Me acuerdo mucho del maestro Juanito de la primaria; me cae que era un *chingonazo* para enseñar matemáticas.

ch

chingoncito

Diminutivo de *chingón*, que lo modifica claramente cuando ya no se refiere sólo a la persona que es capaz de hacer cualquier cosa, sino que le añade un tono de sarcasmo que describe no al *chingón*, sino al que es muy vivo o al que se quiere pasar de listo. Por lo general, le antecede el adverbio «muy».

▫ **—Yo hago todo el trabajo y tú se lo enseñas al jefe... *Muy chingoncito*, ¿no?**

▫ **—Se cree *muy chingoncito* sólo porque su papá es el director de la empresa.**

chingonería

Sustantivo que hace referencia a cualquier obra, objeto o artículo que, por su utilidad, efectividad, capacidad, talento o simplemente por su estética, son impresionantes en un nivel más allá de lo «fregón».

- —Ese Minicooper es una *chingonería.*

- **—Este sacapuntas sí deja los lápices todos afiladitos. ¡Es una *chingonería!***

- —El vestuario de la obra era una *chingonería,* ¿verdad?

ch

chingonométrico

Superlativo de la palabra *chingón*. Quiere decir que ha rebasado el ser simplemente *chingón, muy chingón* —que no es poca cosa— o *chingonsísimo*, y ha llegado al máximo de *chingonería*. Es una expresión que no se usa con frecuencia, porque pocas cosas *chingonométricas* hay en el mundo; pero cuando sale a relucir en una conversación es en forma de sentencia lapidaria.

> —¿Cómo está el chamorro que te trajeron de botana?
> —*Chingonométrico*. Así nomás.

> —¿Te gustó el CD que te puse?
> —Está *chingonométrico*. Y eso que no me gusta el *jazz*.

chingonsísimo, a

Superlativo de superlativos, puede ser usado con distintos verbos, como: *estar, pintar, manejar, hablar, escribir*, etcétera. Se usa para acercarnos a la descripción de beneplácito que nos ha causado el encuentro con algún objeto o evento que creemos que ha superado positivamente y de forma sustancial nuestras expectativas.

- —¿Cómo viste la película?
—¡Güey, está *chingonsísima!*

- —Jala bien el coche del Toño, ¿no?
—¡No! ¡Jala *chingonsísimo!*

chingose

Expresión en hipérbaton que quiere decir *se chingó*, o sea, que algo se descompuso, valió madres, ya no sirve, se murió o se fue a la chingada.

- —Ahora sí *chingose* tu tele, madre querida.

- —*Chingose* el coche y ahora me tengo que ir en camión.

- —*Chingose* el *no-break*, ¿ahora qué hacemos?

chingue y chingue

Esta expresion puede ir precedida de las siguientes locuciones verbales: *estar, se la pasa, deja de estar, le encanta estar,* etcétera. Aunque parece ser una simple repetición, realmente se usa para enfatizar una acción. Dícese de la actitud de una persona cuyas acciones constantes provocan molestia en un tercero.

—Estuvo *chingue* y *chingue* dando martillazos toda la noche.

—¿Qué quería el licenciado Gutiérrez?
—Su cheque. Estuvo *chingue* y *chingue* toda la semana.

—Ya basta de estar *chingue* y *chingue* con tus lloridos.

ch

chínguele

Verbo en su forma imperativa y en segunda persona de cortesía —usted—, di-
rigido a otra persona para indicarle que ya se le hizo tarde en cualquier tarea
en la que está involucrado. Se acompaña, normalmente, de un chasquido de
dedos, de tal manera que el que debe hacer el trabajo lo haga a «la voz de ya»
—o sea, que se apure—, antes de que sea demasiado tarde. La incoherencia
gramatical de combinar el *tú* con el *usted,* aquí está, curiosamente, permitida.
También se utiliza la conjugación de la segunda persona del singular: *chíngale.*

—Estuviste papaloteando todo el día y ahora se te
cargó el trabajo. Entonces *chínguele,* mamacita, si no
quiere irse más tarde a su casa.

—*Chíngale* para que nos vayamos rápido, no quiero
estar aquí todo el día viendo nomás cómo te rascas
la panza.

chinguero

Cuando las reiteraciones son constantes, casi inmemoriales, se emplea esta expresión que denota el límite de lo tolerable y también lleva un aire de advertencia lapidaria.

- —Para pintarse usa un *chinguero* de cosméticos.

- —Te dije no una, ni dos ni tres, sino un *chinguero* de veces que guardaras esos libros y ahora me sales con que no los encuentras.

- —Tiene un *chinguero* de problemas, por eso está tan flaco.

chinguetas

Adjetivo que se aplica a la persona sobresaliente, impecable o excelente en lo que hace; a diferencia de *chingón*, normalmente a la expresión se le otorga un matiz de sorna, por lo que a menudo recae en quien alardea mucho y hace, o es, más bien poco.

—Te crees muy *chinguetas,* ¿no?

—Es un *chinguetas* para el póquer.

—Esa Lorena es una *chinguetas* pa'l golf.

chinguita

Sustantivo que se usa cuando nos referimos al resultado de algo que creíamos sencillo pero ya en la práctica no lo fue, es sinónimo de *joda*. También se utiliza para referirse, de un modo cariñoso, a la serie de golpes que «se nos antoja» darle a otra persona, o como quien dice, acomodarle *una buena chinga*.

- —Eso de hacer pilates es realmente una *chinguita*.

- **—Forrar todos los cuadernos de mis hijos fue una *chinguita*.**

- —Se me hace que para que se esté quieto, le voy a dar una *chinguita*.

chinguiza

Sustantivo superlativo de *chinga* que alude a *golpiza* y que es usado coloquialmente en el centro del país cuando a alguien le pusieron una madrina —eufemismo de *madriza*—, que no le permitirá pararse en un buen rato o salir a la calle sin ser blanco de las miradas curiosas del de al lado.

- **—No mames la *chinguiza* que te pusieron, no puedes ni abrir el ojo.**

- **—Si no te calmas con mi hermana, te voy a poner una *chinguiza* de aquéllas.**

- **—¡Qué *chinguiza*! Hizo el bacalao, los romeritos y el pavo ella sola.**

de la chingada

Esta expresión puede ir precedida de las siguientes locuciones verbales y sus conjugaciones: *ser, llevarse, estar, ir, cantar, caer, andar, sentirse, acabar*, etcétera. 1. Se aplica cuando se le advierte a alguien que si persiste en determinada acción o actitud, le irá mal en un futuro. 2. También se utiliza para calificar de forma superlativa el mal estado o la mala calidad de un objeto, situación, ambiente, o bien, la forma en que alguien hace algo.

- —Mírate en este espejo, si te enredas con esa mujer, acabarás *de la chingada*.

- **—Voy a meter a mis papás en asilos diferentes porque se llevan *de la chingada*.**

- —Me caga ir a su casa, la tía Meche cocina *de la chingada*.

de sus/tus chingaderas

Esta expresión puede ir precedida de las siguientes locuciones verbales y/o modales: *estar harto, hasta la madre, basta de,* etcétera. Expresión lapidaria que aboga porque uno o más intermediarios cambien su comportamiento o el motivo del hartazgo.

- —Es la última vez que les trabajo sin que me paguen, estoy hasta la madre *de sus chingaderas.*

- —Estoy harto *de tus chingaderas:* lava los trastes que usaste para comer.

dejar de chingar

Esta expresión puede completarse con todas las conjugaciones del verbo *dejar*: *deja, dejas, dejaré, dejó, dejará*, etcétera. Significa literalmente «dejar de molestar». Denota, por lo regular, quejas, fastidio y hartazgo.

- —**Llevas todo el día molestándolo, ya** *déjalo de chingar.*

- —**Ya me tienes hasta la madre, ya** *deja de chingar* **con lo de esa chava.**

e

echar chinga'os

Esta expresión se refiere al acto liberador de proferir «malas palabras», pala-brotas, groserías y leperadas debido a situaciones que verdaderamente enca-bronan, enfados repentinos o bien, por sana costumbre.

—Esta casa es decente, aquí no se viene a *echar chinga'os*.

—Supéralo y deja de *echar chinga'os*.

—Vino a que le pagaran y se fue *echando chinga'os*.

en chinga

Esta expresión puede ir precedida de las siguientes locuciones verbales y sus conjugaciones: *estar, hacer, hablar, manejar, llegar,* etcétera. 1. Se puede estar *en chinga,* trabajando dura y concienzudamente. 2. O hacer algo *en chinga,* en una ejecución muy rápida y eficiente. 3. También se refiere a traer a alguien *en chinga;* traerlo «asoleado», explotado, trabajando de sol a sol, apurado, de un lado a otro, bocabajeado o entre ojos, con ganas de molestarlo.

- —Pues yo aquí en la oficina, *en chinga,* como siempre...

- —Ese Francisco de veras que se traía *en chinga* a Ileana con sus bromas pesadas.

- —No he acabado el artículo, ahorita me lo echo *en chinga.*

¿en qué/quién chingados piensas?

Frase que se usa, sobre todo, cuando una persona está en la lela, de tal manera que todo lo que hace lo hace con las patas, o bien, su mirada parece distraída y entonces, para despertarlo, le hacemos esta pregunta.

- —Sofi, el flan está salado, la sopa sabe a grasa, *¿en qué chingados estabas pensando* cuando los hiciste?

- —Pues en *quién chingados estás pensando* que, en todo el día, no has hecho nada.

¡ésas son chingaderas!

Expresión utilizada para manifestar de forma enfática la inconformidad con determinada situación. Suele ser usada para descalificar gravemente una situación, acción o actitud.

- —Juan llegó a la fiesta con la otra. *¡Ésas son chingaderas!*

- —No puedes llegar una hora tarde al trabajo, *¡ésas son chingaderas!*

e

estarte llevando la chingada

Esta expresión puede completarse con todas las conjugaciones del verbo *estar: me está, te está, le está,* etcétera. Humilde y sincera confesión que se externa cuando la situación o el malestar es inenarrable.

- —A Karla ya *se la está llevando la chingada*, come todo el día y volvió a engordar.

- —*Me está llevando la chingada.* Pinche cruda, me cae que ahora sí no vuelvo a tomar.

- —No sé por qué lo extraño tanto, ahora sí *me está llevando la chingada.*

ⓖ

ganas de chingar

Esta expresión puede acompañarse con las siguientes locuciones: *ésas son, tengo unas, qué, ah, pero qué,* etcétera. Ésta es una frase que alude al deporte y gusto por chingar al otro. Cuando uno tiene ganas de chingar, simplemente quiere pasar un buen rato molestando al que está junto, a veces se pretende chingar con dolo y otras, sólo se hace por diversión.

- **—Lleva todo el día molestándome. De veras que ésas sí son *ganas de chingar.***

- **—*Ah, qué ganas de chingar...* Toma tu chicle y estate tranquilo de una vez.**

- **—Dice que siempre no y que mejor cambies los ejemplos y, además, que lo ordenes alfabéticamente.**
  —*Ah, pero ¡qué ganas de chingar!*

haber chingadazos

Esta expresión puede completarse con todas las conjugaciones del verbo *haber: hubo, va a haber, habrá,* etcétera. Se usa para referirse a la existencia de un pleito o altercado, que incluso puede llegar a los golpes.

- —Acabó fatal la fiesta, hasta *hubo chingadazos.*
- —Seguro que si se encuentra con su exnovia y el nuevo galán, va a *haber chingadazos.*
- —Acábate la sopa si no quieres que *haya chingadazos.*

haber pura chingada

Esta expresión puede completarse con todas las conjugaciones del verbo *haber*: *hubo, va a haber, habrá, había*, etcétera. Significa que, contra lo esperado o lo que se había dicho o previsto, no se encuentra nada, absolutamente nada, de dinero, cosas, ganancias, comida, etcétera.

- —Me dijo que abriera la caja fuerte, pero *había pura chingada.*

- **—Para qué vine, sabía que *habría pura chingada.***

- —Nos invitó dizque a comer a su casa y *hubo pura chingada,* nomás nos dio papas y Sabritones.

hacer el favor de ir a chingar a su madre

Esta expresión puede completarse con todas las conjugaciones del verbo *hacer* en su forma imperativa: *haz, hazme, hagan*, etcétera. Esta frase se utiliza cuando se ha llegado al límite de la paciencia; sin embargo, se trata de una manera cortés de mandar a alguien a la chingada.

—Como Jorge Ibargüengoitia en *Dos crímenes*: «Ustedes tres *me hacen el favor de ir a chingar*, cada quien, *a su madre*».

—Después de todo lo que me hiciste, sólo *hazme el favor de ir a chingar a tu madre*.

(h)

hacer un clima
de la chingada

Esta expresión puede completarse con todas las conjugaciones del verbo *hacer: hace, hizo, va a hacer, hará*, etcétera. Relativo al clima, tiempo, frío, calor y significa malo, o peor que malo.

- **—No manches hoy sí *hizo un frío de la chingada.***

- **—Ni se te ocurra ir a Mexicali en junio porque *hace un pinche calor de la chingada.***

- **—Yo no sé cómo los ingleses pueden vivir en Londres, hace un *clima de la chingada.***

h

hijo de la chingada

Definición que se le hace a la persona ruin y despiadada que no sólo actúa de mala fe, sino que se regodea de sus actos de traición y bajeza. También se usa como expresión de sorpresa cuando alguien hace algo inusitado y ya no hay forma de reparar el daño.

- —Darth Vader era bien malo, ¿verdad?
  —Ni tanto. El que sí era un *hijo de la chingada* era su maestro.

- —*¡Hijo de la chingada!* Renunció sin devolverme los discos que le presté.

- —*¡Hijo de la chingada!* Se le olvidó que tenía que venir por mí.

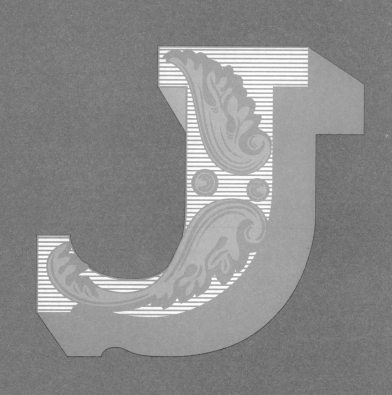

j

jijo de la chingada

Esta expresión puede acompañarse con las siguientes locuciones verbales: *ser un, se casó con un, andar con un, era un, ese, el muy*, etcétera. Sinónimo —y eufemismo— de *hijo de la chingada*, del que hacemos uso cuando nos referimos a nuestro declarado enemigo, a nuestro rival de amores o a ese personaje que hace chingaderas tan grandes, que no existe otro apelativo para él. Como interjección se puede usar el grado superlativo: *¡Jijo o jija de su rechingada madre!*

—¡Ahora sí, *jijo de la chingada,* te voy a romper la madre!

—El muy *jijo de la chingada* se acabó la gasolina de mi coche y ni me avisó.

—Ese *jijo de la chingada* no me ha hablado.

la mera verdad, son chingaderas

Esta frase, así completita, es utilizada cuando uno se da cuenta de que cierta situación nos hizo sentir mal, o con seguridad, cuando alguien nos hizo una verdadera trastada.

- —No me pagó el hijo de la chingada y *la mera verdad, son chingaderas.*

la muy jija de la chingada

Esta expresión merece un espacio aparte en tiempos de paridad de género. La frase designa a una mujer cabrona que te abandonó, te dejo por otro o te hizo una trastada, la cual no tenías contemplado vivir en ningún momento de tu rechingada vida.

- —Me desviví por ella, le di casa, coche y joyas, y me dejó *la muy jija de la chingada.*

- —*...la muy jija de la chingada...* con mi carnal, ¿puedes creerlo? ¡Con mi carnal!

lo chingaron

Ésta es una frase, cuya acción recae directamente sobre una persona a la que se le ha derramado alguna situación mala o desagradable, desde el más nimio incidente hasta la misma muerte. Expresa, a su vez, que una persona está siendo «fastidiada» por uno o varios.

- —A Ernesto *lo chingaron* tanto con lo de Anahí, que terminó casándose con Edith.

- —**Lo chingaron, no se esperaba otra cosa, siendo el Jefe de Jefes, dónde se iba a esconder.**

- —A Jaime *lo chingaron* sus jefes toda la vida con lo de los estudios, que hasta doctorado hizo.

lo chingué

Frase que indica cuando alguien gana en algún aspecto ante alguien más, por lo que se vanagloria diciendo que *lo chingó*; para darle más énfasis, debe ir acompañada de un movimiento del brazo flexionado y el puño cerrado hacia arriba, de tal manera que pareciera que jalamos una cuerda hacia nuestra cintura. También puede entenderse cuando estamos «molestando» a una persona para conseguir algo en específico.

- —Ayer tuvimos una junta con el Director General, Ricardo quiso tomar la palabra pero me la dieron a mí. ¡*Lo chingué*!

- —*Lo chingué* tanto que accedió venir a la fiesta de los abuelos.

- —Ayer vino Juanito a jugar X-Box y *lo chingué*, gané todas las batallas del Halo.

llevárselo (a uno) la chingada

Esta expresión puede completarse con todas las conjugaciones del verbo *llevar: me lleva, te llevó, te va a llevar,* etcétera. Esta frase se emite como amenaza hacia dos o más personas que huyen de alguien o de cualquier situación y que, pese a todos sus intentos por evadir las consecuencias de sus actos, han sido descubiertos y, ora sí, se los va a llevar la...

- —**No tienen escapatoria, ¡abran o *se los lleva la chingada!***

- —**Ya está revisando mi mujer mi celular. Ahora sí *me va a llevar la chingada.***

mmm... que la chingada

Entre los sutiles matices que admite la expresión «que la chingada» está este manifiesto de decepción, desilusión, cansancio anímico o hartazgo, pero sin llegar a la ira. Es muy importante la entonación y, sobre todo, la gesticulación correcta: al pronunciar la *m*, deben cerrarse los labios, dirigir la vista hacia arriba, torcer un poco la boca y las cejas, y ladear los ojos hacia un lado. Difícil de explicar.

- —*Mmm... que la chingada:* **volvió a perder la selección en penales y ya quedó fuera del Mundial.**

- —**¿Tú crees? Con todo y que le pintó el cuerno, mi hermano regresó con su vieja.**
  —*Mmm... que la chingada.*

maneras de chingar

Esta expresión puede acompañarse con las siguientes locuciones: *ésas no son, son, eran, tiene unas*, etcétera. La utilizamos cuando criticamos la forma en que una persona hace algo, generalmente, para fregar al otro.

- —Ésas no son *maneras de chingar*, Doña Chonita, era mi novio, y hay que respetar.

- —Qué *maneras de chingar*, ahora hasta con un sable de *Star Wars* luchas en la oficina.

m

me chingaron

Utilizado en primera persona y conjugado en pasado, indica cuando te vieron la cara por ingenuo, o bien, cuando 'los amantes de lo ajeno' hacen su oficio y te robaron algo que, sin duda, echarás de menos. También sirve para expresar el padecimiento, una vejación o abuso físico o emocional de parte de un tercero.

—Por estar de ofrecido y diciendo que no tenía nada que hacer, *me chingaron,* y ahora voy a tener que llevar a mi hermanita todos los días al ballet.

—Ayer me subí al metro y en la estación Pino Suárez, *me chingaron* toda mi quincena.

—Dejé el carro en el valet y *me chingaron* mi celular.

¡me lleva la chingada!

Equivale a una interjección o a una frase de enojo. Se utiliza para describir el mal estado emocional en que se encuentra una persona, cuando los adverbios *mal* o *muy mal* no son suficientes para describirlo.

- —Con esto de la influenza, estoy que *me lleva la chingada.*
- —Estoy que *me lleva la chingada,* perdí el trabajo.
- —¡*Me lleva la chingada!* No hay agua caliente.

muy chingón

Adverbio en grado superlativo sobre un adjetivo ya de por sí con esta condición, que se utiliza para describir a alguien muy fregón que ha logrado cosas por sí solo gracias a su inteligencia o audacia. También se usa para denotar sarcasmo ante alguien que actúa por beneficio propio o que presume, con exceso, las cosas que posee.

- —Es un cuate *muy chingón,* sólo tiene 28 años, tiene un doctorado en Física Cuántica y es uno de los mejores pagados en el extranjero.

- —Ese doctor se cree *muy chingón* y no es, la verdad.

muy chingoncito

Este calificativo se aplica a los engreídos que, con una actitud chingona, afirman que pueden hacer algo con facilidad, pero que casi nunca tienen la menor idea de lo que están por enfrentar; a los fanfarrones que no tienen los argumentos suficientes para sostener sus dichos o bien, como escarnio para alguien que, luego de ser altanero, orgulloso o autosuficiente, finalmente ha caído en la desgracia.

—Llegó mi yerno, *muy chingoncito*, a decirme que él me instalaba el cable, y a la hora de la hora el tarado no sabía ni cómo agarrar el taladro.

—Juan era un pesado: se la vivía molestando a los chavos de la secundaria; ayer lo agarraron todos en bola y que lo mandan al hospital. Cuando lo fui a ver, le dije: Ora sí, *muy chingoncito*, ¿no?

ni que fuera tan chingón, a

Expresión que se usa en forma despectiva para referirse a una persona presumida, soberbia o que se da mucha importancia.

- —Yo no sé por qué a todas las viejas les gusta Luis Miguel, *ni que fuera tan chingón.*

- —Uy, esa vieja se cree que va a conquistar al más galán de la fiesta, *ni que fuera tan chingona.*

- —Ese cabrón apenas leyó un cuento de Borges y ya se siente escritor, *ni que fuera tan chingón.*

ni que valiera tanto esa chingadera

Expresión de desdén hacia algo que está sobrevalorado por un tercero y que por lo regular es motivo de pleito o queja exagerada:

- —¿Cómo que rompiste la pluma que te presté?
  —No hagas panchos. Te la compro nueva y asunto arreglado. *Ni que valiera tanto esa chingadera.*

- —Trae un reloj pirata y lo cuida como si fuera original. *¡Ni que valiera tanto esa chingadera!*

ni una chingada

Expresión que se refiere a la ausencia absoluta, es decir, cuando no hay nada de nada.

- —Otra vez se fue la luz, no veo *ni una chingada*.

- —Él me cortó y yo no le voy a rogar *ni una chingada*.

no chingues

Expresión que se utiliza después de que alguien se entera de alguna situación o acontecimiento inesperado, sorpresivo y, por lo regular, *non grato* o desafortunado.

- **—*No chingues*, perdí las llaves del coche.**

- **—¿Te acostaste con esa vieja? *No chingues.***

- **—*No chingues*, ya llegó la maestra y no he ni empezado la tarea de hoy.**

no la chingues

Expresión que se puede utilizar para indicar incredulidad acerca de algo que no es posible o sobrepasa toda comprensión.

- —*No la chingues,* **ahora resulta que tengo que hacer tu trabajo.**

- —*¡No la chingues!* **¿Por qué me llamas a estas horas de la noche?**

- —**Eso no se hace, ¿cómo te atreves a golpear a tu madre?** *¡No la chingues!*

n

nomás por chingar

Expresión que indica que una persona —generalmente, tiene las características del cínico, pícaro, sinvergüenza— no tiene otra cosa mejor que hacer que
chingar al prójimo.

■ —Bueno, pero, ¿por qué te la pasas jodiendo a la
pobre de Karla todo el tiempo?
—Pues *nomás, nomás, por chingar.*

■ —No entiendo por qué se la pasa diciendo cosas de
mí, si ni le hago nada.
—Como que por qué, *nomás por chingar.*

¡no me chingues!

Expresión coloquial que sustituye a los desconfiados «¡no inventes!» y «¡no te creo!». Se utiliza sobre todo cuando dos personas están en plena chorcha tocando un tema de interés común —o sea, chismeando—, y una de ellas dice algo que a la otra le parece de lo más extraordinario, como para, simplemente, no creerlo.

- **—Te cuento, mana, la semana pasada detuvieron a Inés y a su novio por faltas a la moral en la vía pública.**
  —*¡No me chingues!* Tan bien portadita que se veía.

- **—Mi mamá se volvió a caer.**
  —*¡No me chingues!*

no me estés chingando

Se utiliza como ultimátum y, dependiendo del tono, como advertencia de una posible reacción violenta de parte de alguien que está ya muy molesto. O también, como en otros casos, para expresar incredulidad o sorpresa.

- —Te envié el correo que me pediste, *ya no me estés chingando.*

- **—*No me estés chingando* con lo mismo, ya te dije que no me voy a ir en camión.**

- —Síguele... síguele... *¡ya, no me estés chingando!*

- **—Ahora resulta que hasta las ballenas hablan, Keiko declaró en una entrevista que extrañaba a los niños.
—*¡No me estés chingando!***

no sé pa' qué chingados...

Esta expresión puede acompañarse con las siguientes locuciones verbales: *lo invité, vino, le dije, vine, viniste, abrí la bocota,* etcétera. Cuando una persona no encuentra razonable o lógico el hecho las acciones de una segunda persona o de que ésta haya informado algo a una tercera persona, la cual no se debería andar enterando de ciertas cosas.

- *—No sé pa' qué chinga'os* lo invitaron si ya saben cómo es de aguafiestas.

- *—¿No sé pa' qué chingados* desentierran eso si ya estaba enterrado?

- *—No sé pa' qué chingados* fue a la universidad, si ni entiende.

o

¡ooooh, que la chingada!

Frase que, aunque parecida a la de ¡*ah, que la chingada!*, no indica la resignación de aquélla, sino el enfado extremo en el que nos encontramos ante una situación que merece nuestro encabronamiento.

- —¡*Ooooh, que la chingada!* ¡Es la tercera vez en el día que me pego en el dedo chiquito!

- —Eres un huevón informal, dijiste que venías a la una y ni para avisar eres bueno.
  —¡*Ooooh, que la chingada!*

o

o te chingas, o te jodes

Frase que constituye *La ley de Herodes*, la cual explica tajantemente que hay que hacer lo que le dicen a uno, o si no, eso, te jodes.

■ —¡Te tocó la ley de Herodes, o te chingas o te jodes!

■ —Aquí no hay de otra, hay que trabajarle duro y bonito y pues, *o te chingas o te jodes.*

¡Para chingón, chingón y medio!

Se utiliza como referencia a alguien que pretendía pasarse de listo, o sea que quería sacar ventajas de algo o que, como también se dice popularmente «se quería pasar de lanza» y «le salió el tiro por la culata».

—¿Cómo viste al ventajosito de Juan Carlos? Pero mira, *¡para chingón, chingón y medio!*

puras chingaderas

Esta expresión puede acompañarse con los siguientes verbos: *hacer, comer, estudiar, regalar, entender, decir, ocurrírsele a uno, pensar, guardar, tener,* etcétera. Se utiliza para demeritar la acción o hacerla sentir de poca valía.

- **—Ese *güey* escribe *puras chingaderas.***

- **—Nos dio de botana *puras chingaderas:* Doritos, papas, chicharrones...**

- **—Le pedí una explicación y no me contestó *más que puras chingaderas.***

¡qué bien chingas!

o ¡ah, qué bien chingas!

Expresión que denota exasperación y es dirigida a alguien que se la pasa *chingue y chingue* con lo mismo, con o sin razón.

- —Vas a decir que *qué bien chingo*, Pepe, pero... ¡otra vez llegaste tarde! ¡A la próxima te regreso a tu casa y que te descuenten el día!

- —Ah, pero *qué bien chingas* con que a qué hora voy a salir. ¡Orita, ya te dije que orita!

- —¿Que para cuándo los hijos? ¡*Qué bien chinga* tu mamá con eso, me cae!

¿qué chingados...?

Esta expresión puede completarse con las siguientes locuciones verbales: *haces, dices, escribes, estás pensando, tienes, hiciste, estás viendo, te importa,* etcétera. Se utiliza para darle un toque irreverente a algo que queremos saber de una persona, siempre es dicha de una manera que implica pleito, por lo que no es de extrañarse que podamos recibir una respuesta igual, o bien, un merecido puñetazo.

■ —*¿Qué chingados* haces aquí a esta hora?

■ —¿Y tú, en *qué chingados* estabas pensando para andar con un tipo como él?

■ —¿Y tú, *qué chingados* estás viendo? ¿Tengo monos en la cara o qué?

qué ganas de mandarlo a la chingada

Frase que llega como una revelación divina para manifestar un desprecio infinito hacia alguien que, para colmo, es una persona a quien no puedes rechazar por algún motivo relacionado con jerarquías, lazos familiares putativos, o bien, con compromisos que, lamentablemente, no podemos terminar.

—*Qué ganas de mandarla a la chingada...* pero, ni modo, es mi suegra.

—**Ya me hartó este** *güey.* **No sabes** *qué ganas tengo de mandarlo a la chingada,* **pero, ¿y la lana?**

¿qué, muy chingón?

Expresión que se utiliza de manera sarcástica para cuestionar a alguien sobre cierta cualidad o talento que presume tener, o bien, para responderle tras una amenaza.

- —Si quieren yo preparo la pasta y el pavo para la cena de Navidad.
  —*¿Qué, muy chingón?*

- —La próxima vez que la molestes, te pongo en tu madre.
  —*¿Qué, muy chingón?*

q

¡que se chingue!

Es una sentencia implacable para señalar que alguien merece y debe pagar las consecuencias de sus actos, omisiones o dichos, las cuales casi siempre resultan severas. Quien la pronuncia, por lo regular, experimenta cierta malsana satisfacción al hacerlo.

—Pepito volvió a perder el suéter del uniforme.
—¿Ah, sí? Pues ahora *que se chingue:* lo va a comprar él mismo con sus domingos.

—Paulina dice que desde que nació su tercer hijo no ha dormido nada.
—*¡Que se chingue!* Quería tener hijos, ¿no?

¡que sí, que no, que cómo chingados no!

Ésta es la aplicación como porra del verbo *chingar*, especialmente cuando el equipo al que se pretende motivar se encuentra abajo en el marcador. Esta versión equivale al *naif*: «¡Sí se puede, sí se puede!».

En un estadio, el partido de clásicos de clásicos tiene un marcador de 1-0, es decir, América contra Chivas, por lo que la porra de Chivas grita:
—*¡Que sí, que no, que cómo chingados no!*

¿quién chingados se cree?

Frase interrogativa que se refiere a alguien que ha hecho uso de algún tipo de poder, dígase físico, jerárquico o intelectual. Funciona sobre todo cuando queremos hacer notar una injusticia, aunque quién sabe si se pueda lograr algún cambio en esa persona, aunque por lo menos —para nosotros— sirva de desahogo.

- —Me dijo que yo era especialita y enojona, ella será la Madre Teresa o qué, *¿quién chingados se cree?*

- —Le soltó una bofetada y le dejó un reverendo moretón, pero, *¿quién chinga'os se cree?*

remedio chingón

Podría decirse de un medicamento, ungüento, jarabe o cataplasma que sana rápida, eficazmente y sin molestias, pero más bien se refiere a una solución tajante e inesperada que pone fin a una molestia personal, un largo problema o un inconveniente de cualquier tipo. Es como *¡Santo remedio!*, pero menos santo y más chingón.

- **—La señora Rosita me puso un *remedio chingón* en mi rodilla adolorida, y veme: ya ando como si nada.**

- **—¡Vaya, ése sí fue un *remedio chingón!* Que al fin corrieran a ese pinche huevón.**

- **—Para curártela, una chela con clamato, es un *remedio chingón*.**

salir con otra/su/tu
chingadera

Esta expresión puede completarse con las siguientes locuciones verbales y las conjugaciones del verbo *salir: ya vas a salir, salió, sale*, etcétera. Una chingadera es, en esta frase, un acto desleal, bajo, ruin; una traición, una promesa no cumplida, un abuso de confianza; una torpeza que echa a perder algo.

—Ya vas a *salir con tus chingaderas*, todavía ni llegamos y ya te quieres ir.

—Mi hija *salió con su chingadera*: está embarazada.

—Está como si nada, pero seguro un día de éstos *sale con otra chingadera*.

se chinga cuanta chingadera encuentra

Esta expresión se puede utilizar en dos sentidos, ya sea para hablar de alguien que roba o toma prestadas las cosas sin pedir permiso; o bien, de quienes rompen o destruyen objetos con o sin premeditación.

- —**Este tipo me robó mi pluma y a todos los de la oficina les ha quitado algo,** *se chinga cuanta chingadera encuentra.*

- —**Le presté mi secadora de pelo a mi prima y ya me la descompuso, y no es la primera vez, esa niña** *se chinga cuanta chingadera encuentra.*

se chingó la Patria, se chingó la Francia...

O en su defecto, también *se chingó la casa.* Frase de tipo proverbial que indica que algo ya valió madres y no se ve solución ni cercana ni lejana para su estabilidad o vuelta a la normalidad.

- —No le traje mamila al bebé. Ahora *sí se chingó la Francia.*

- **—En cuanto conoció a ese tipo, *se chingó la Francia.***

- —Ya volvieron a poner alerta roja. Ahora sí *se chingó la Patria.*

sepa la chingada

Este conjunto de la infinita sabiduría de la entidad descrita por Paz es respuesta frecuente de preguntas insondables, espinosas o —sobre todo en el ámbito escolar— históricas, geográficas y científicas. Puede adjudicarse a la humildad de quien lo dice —yo sólo sé que no sé nada— o a su absoluto cinismo —no sé ¡ni quiero saber!

- —**¿Sabes cómo puedo llegar a la Marquesa?**
  —*Sepa la chingada.*

- —*Sepa la chingada* **dónde puse el test de embarazo.**

- —**¿Toño y Ana son novios?**
  —*Sepa la chingada.*

también hace
sus chingaderas

Esta frase es utilizada para manifestar que una persona o un grupo comete actos ilegales, violentos o nocivos, al igual que otros grupos o personas.

- —Así como lo ves de seriecito, Juan *también hace sus chingaderas.*

- —Por buenos que sean sus fundamentos, Greenpeace *también hace sus chingaderas.*

- —Mi marido es un amor pero *también hace sus chingaderas.*

t

te chingaron

Frase que dice una persona para burlarse de otra, cuando a ésta le acaban de ver la cara, llega uno más listo y se lo chinga. También expresa el robo o sustracción de las posesiones de una persona.

- —*Te chingaron* por *güey*, sólo a ti te pasa que te corran al mes de haber entrado.

- —No lo puedo creer, ¡*te chingaron* hasta el orgullo!

- —Sí lo tomé, estoy seguro, pues si a eso fui al súper.
  —Que se me hace que *te chingaron*.

te chingas

Expresión tajante y contundente que tiene la intención de dejar claro que ya no hay más remedio que hacer lo que hay que hacer.

- —*Te chingas* y ahora lo terminas tú solito.
- —**No estudiaste todo el semestre y ahora estás chillando, ¡*te chingas*!**
- —*Te chingas*, yo te advertí que no te casaras con ese golfo.

te chingaste

Con el antecedente de la partícula «ya», esta casi sentencia de muerte se potencia. Se trata de la fatalidad, de lo desagradable e inexorable hecho palabras, especialmente cuando uno espera poder librarse del mal trago, la obligación o la mala pasada de la suerte.

- —*Te chingaste*: no hay quien cuide a tus hermanos, así que olvídate de tu fin de semana en Cuernavaca.

- —**Ya se supo quién se tomó las botellas de mi jefe.** *Ahora sí ya te chingaste.*

t

te chingué

Declaración de una persona que se ufana de su propia victoria y que, con pleno cinismo, la expresa frente al derrotado.

- —¡Ora sí *te chingué* la Reina, carnal! Jaque.

- —Oye, disculpa, éstos son mis lugares, están numerados.
—*Te chingué,* yo llegué primero.

t

tener un chingo de...

Esta expresión puede acompañarse con las siguientes locuciones sustantivas: *trabajo, actividades, ideas, dinero, objetos, cosas, sueño, ganas de*, etcétera. Frase que es utilizada para hacer notar que se posee una enorme cantidad de cualquier cosa.

- —Tengo *un chingo de* ganas de verte.

- —**Ya me quiero ir a mi casa, pero todavía *tengo un chingo* de trabajo.**

- —Ese *güey tiene un chingo de* dinero.

- —**No manches, traje sólo un suetercito y tengo *un chingo* de frío.**

tener un gusto de la chingada

Esta expresión puede completarse con todas las conjugaciones del verbo *tener: tiene, tienes, tengo, tenía, teníamos*, etcétera. Se aplica a aquellas personas que tienen pésimo gusto en cualquier cosa, o bien —para decirlo elegante—, diferente al nuestro.

- —Mira a esta mujer con falda amarilla a cuadros y suéter verde con rayas, eso es *tener un gusto de la chingada* para vestirse.

- —No manches, ese chavo anda con mujeres cada vez más feas y rucas, *tiene un gusto de la chingada.*

tener un hambre
de la chingada

Esta expresión puede completarse con todas las conjugaciones del verbo *tener: tiene, tienes, tengo, tenía, teníamos*, etcétera. Expresión en donde *de la chingada* funciona como un superlativo de la situación. Es utilizada para manifestar un hambre atroz, poco común y difícil de satisfacer.

- —A la 1:50 ya *tengo un hambre de la chingada.*

- —¡Me muero! No hay ni botana y yo *tengo un hambre de la chingada.*

- —Después de dos días sin comer, ese alpinista seguro *tenía un hambre de la chingada.*

un chingo

Frase adjetiva que se usa enfáticamente ante la abundancia excesiva de alguna cosa: «tengo *un chingo* de trabajo», «traigo *un chingo* de bolsas» —porque estaremos de acuerdo que no es lo mismo *mucho,* que *un chingo.*

- —**Échale una mano a don Max, que acaba de llegar con el pozol, las tostadas, los periódicos, las telas, las cartas y *un chingo* de cosas más.**

- —No manches, hace *un chingo* de años que no veía esta película.

- —**Nos dio *un chingo* de tomar Esteban en su casa.**

un chinguero

Podría decirse que es sinónimo de *chingo* y *chingomadral*, pero es un poco más que el primero y un poco menos que el segundo; es decir, mucho, en abundancia, de gran número, y con una ligera sensación de desorden.

—Mi hermano Luis tiene un chingo de discos; pero el otro, Alejandro, tiene *un chinguero* más.

—Fui al centro a hacer mis compras de Navidad y había *un chinguero* de gente arrebatándose las cosas. No lo vuelvo a hacer.

uno que se chinga...

Esta expresión puede acompañarse con las siguientes locuciones: *la vida y, y tú que, y él que, trabajando, estudiando,* etcétera. Esta frase manifiesta el descontento en el que se encuentra una persona cuando otra no agradece su esfuerzo, y pa' acabarla de amolar, ni lo nota.

—*Uno que se chinga* la vida trabajando, y Martín compra un boleto y se gana la lotería.

—*Uno que se chinga* y ella como si nada jugando canasta con sus amigas.

—*Uno que se chinga* estudiando para tener un mejor trabajo, y él que ni llegó a secundaria gana lo que yo en un mes.

valer pura chingada

Esta expresión puede completarse con todas las conjugaciones del verbo *valer: vales, vale, valemos, valen*, etcétera. Frase que califica el poco aprecio, valor o importancia que algo tiene para nosotros. Decimos lo mismo de algo que *vale un carajo*, o *pa´ pura madre*, es decir, que no vale nada.

- **—Mira, tus pretextos *valen pura chingada*.**

- **—Yo no cuento con ellos, su ayuda *vale pura chingada*.**

- **—Esas amigas tuyas *valen para pura chingada*.**

¡válgame
la chingada!

Esta expresión es la equivalente al «¡Válgame Dios», obviamente en un tono altisonante y no tan piadoso. Se utiliza cuando algo nos ha llamado la atención, y nuestra manera de demostrarlo es con un sonoro ¡válgame la...!

- —Me duele la cabeza, tengo el cuerpo cortado y además, tengo diarrea...
  —*¡Válgame la chingada*, pues ve al doctor!

- —*¡Válgame la chingada!* ¡El tránsito en toda la ciudad está de locos!

vas y chingas a tu madre

Frase imperativa con que le indicamos a alguien que desacreditamos de manera terminante su actitud o acción. El grado imperativo se refuerza usando formas adverbiales como *ahorita* o *de ya*. También se puede expresar un sentimiento más profundo con pronombres personales; por ejemplo, *te me vas a chingar a tu madre*.

- —¿Y si mejor cortamos?
  —¿Y si mejor *vas y chingas a tu madre*?

- —Te juro que sólo es una amiga.
  —Pues tú y tu amiga *vayan y chinguen a su madre*.

venir con
chingaderas

Esta expresión puede completarse con todas las conjugaciones del verbo *venir: no me vengas, ya vas a venir, vienes, viene, vino,* etcétera. Se utiliza para advertirle a alguien que no ande diciendo cosas sin importancia. También cuando alguien intenta imponer cómo se deben hacer las cosas al grado de tomárselo personal, o bien, cuando pones muchos pretextos.

- —*No me vengas con chingaderas,* qué es eso de ponerse aretitos en las orejas.

- —*Y me vino con chingaderas,* de que si yo estaba segura de que ese hijo es suyo.

¡vete a la chingada!

Enunciado imperativo con el cual le exigimos a alguien que desaparezca de nuestra vista para siempre o que deje de insistir en determinado asunto.

- —Ya estoy harto de que me sigas metiendo el cuerno, *¡vete a la chingada!*

- ...me estás chingue y chingue con que te preste esos discos y no lo voy a hacer, así que *¡vete a la chingada!*

y yo para qué chingados...

Esta expresión puede acompañarse con las siguientes locuciones verbales: *vine, lo quiero, quiero saber, necesito,* etcétera. Manifiesta de forma enfática la percepción de una carencia de utilidad o funcionalidad de determinada situación, acción real o potencial.

- —¿*Y yo para qué chingados* necesito un libro? Si así estoy bien.

- —¿*Y yo para qué chingados* quiero saber que la Tierra gira alrededor del Sol? —párafrasis de la respuesta que Sherlock Holmes le dio al Dr. Watson en *Estudio en Escarlata.*

- —¿*Y yo para qué chingados* vine si María trajo a su novio?

¡ya chingué!

Es la expresión triunfante por excelencia, que se dice con alborozo y contundencia, que a veces va acompañada de un gesto de brazo y mano en puño. Ya sea por méritos, por azar o por perseverancia, se aplica cuando uno ha salido o saldrá con ventaja en un asunto específico. Equivale a un «¡ya la hice!» más tajante.

- —Patricia anda solterita y ya aceptó salir conmigo... *¡Ya chingué!*

- —*¡Ya chingué!* Me escogieron en el equipo.

- —*¡Ya chingamos!* ¡Estamos en la final!

ya chingó a su madre

Esta frase se usa, por lo general, cuando ya valió todo, es decir, que se ha llegado al colmo de lo permisible y se ha alcanzado un punto en el que ya no estamos dispuestos a soportar a alguien, o bien, una situación en específico.

- —Se fue la luz y se tronó el transformador que soporta la electricidad de toda la colonia. *Ya chingó a su madre*, porque no podemos trabajar así.

- —Mauricio me tiene hasta la madre, nunca hace nada y es bien mamón, *ya chingó a su madre*, porque ya no lo quiero viviendo aquí.

¡ya me chingué!

Esta expresión se utiliza cuando alguien en el pasado se salvó de sufrir algún mal, y en esta ocasión no tiene otra opción que pasar por el inevitable «trago amargo». Es un signo inequívoco de la mala fortuna. Normalmente tiene un dejo de resignación y aceptación del destino adverso. Es la versión individualizada de «Ya valió madres».

- —Hubo recorte de personal y pues ni modo, *¡ya me chingué!*

- —Yo que quería irme de fin de semana y me tocó quedarme de guardia. *¡Ya me chingué!*

- —*¡Ya me chingué!*, mi mamá va a salir de viaje y yo tengo que cocinarle a mi papá.

ya ni la chingas

Frase que oscila entre el hartazgo y el asombro ante el proceder deficiente, insensato, despreocupado, aberrante o carente de sentido en que incurre alguna persona generalmente calificada de *huevona*, *valemadres*, *pendeja* o *culera*.

—Ya ponte a trabajar, no has hecho nada. *Ya ni la chingas.*

—Avísale a tu vieja dónde estás, *ya ni la chingas.*

—*Ya ni la chingas*, ¿por qué le pusiste cloro a la ropa de color?

yo que tú, me lo chingaba

Ésta es una invitación a ejercer una justa acción, preventiva o punitiva, contra alguien que ha abusado de su posición, y por lo tanto, de nuestra confianza. También aplica entre machos, refiriéndose a una mujer que, si bien no es del todo apetecible —demasiado gorda, flaca, vieja, granosa o medio federal—, podría serlo para una ocasión de pasión carnal, o bien, a un bocado que no se debería uno de comer.

- —¿Qué crees que haría ese *güey* en tu lugar? ¿Perdonártela, con lo ojete que es? Ahora Dios te dio la oportunidad, *yo que tú, me lo chingaba.*

- —¡No manches! Esa ruca te está tirando el calzón, gacho. No está tan mal: *yo que tú, me la chingaba.* Nadie se va a enterar.

- —Yo sé que estás a dieta, pero este tlacoyo está buenísimo, *yo que tú me lo chingaba.*

apéndice
de otros términos

Apócopes, eufemismos, interjecciones

a Changai y a Sumatra. Ésta es una frase que, además de ser eufemística de *a la chingada*, se utiliza cuando queremos darle un toque muy internacional y conocedor a nuestro habla, y es que, sólo el que ha viajado mucho, sabrá que Sumatra sí está en Indonesia, pero Changai está más lejos.

a chillar a otra parte. Expresión que se utiliza cuando estamos hasta la madre de algo o alguien, por lo que en lugar de mandarlo a la conocida chingada, lo mandamos mejor a chi...llar a otra parte. También se usa *a chillar en la luna*.

ah, cómo chilla la niña. Expresión que utiliza cuando una persona está insistiendo mucho con algo —ya sea hablando con nosotros o con alguien más— y como no nos es posible pronunciar el altisonante: *ah, cómo chingas*, podemos decirlo de esta manera, sin ofender a nadie.

ah, comochísimo gusto. Frase que de manera muy, pero muy cortés, le da a entender a aquel que nos preguntó, que estamos más que gustosos de realizar lo que nos pide, al mismo tiempo que escondemos en nuestra respuesta un: *¡Ah, cómo chingas!*

como chí, como no. Esta frase es utilizada cuando queremos vacilar con nuestro interlocutor y en lugar de darle una respuesta firme y segura, bromeamos con un indeciso: *«puede ser, no sé, a lo mejor, quién sabe...»* a la vez que, de paso, le damos a entender que, *¡ah, cómo chinga!*

checa tu mail. Eufemismo moderno y tecnológico de *chinga tu madre*, que con el *boom* de los mensajes por correo electrónico, ha encontrado cabida como bonita manera de mentar la madre por televisión.

chiflar. O *No la chifles que es cantada*, eufemismo que por su sonido inicial /chi/ es utilizado como locución exclamativa de «no la chingues» o «no la friegues». Expresa sorpresa: «¡No te creo!», o bien, molestia cuando alguien actúa de forma no benéfica ni para nosotros ni para nadie: «No la riegues, maestro».

Chifosca mosca. Eufemismo de *chingada madre* que usamos cuando queremos describir alguna situación en la que no nos fue como esperábamos, es decir, que nos fue de la patada y para no echar chingados así porque sí, entonamos un *chifosca mosca*, envalentonado, simpático y, por supuesto, muy original.

¡chi...huahua! Es un eufemismo que redime de último minuto al impropio que estaba por faltar a las normas morales y sociales de la ocasión, al maldecir alegremente *¡chingada!* Es comúnmente usado en presencia de menores, ancianos, familia política y desconocidos. Procede del nombre que recibe un estado de la República Mexicana en el norte del país.

¡chin! Aunque el Diccionario de la Lengua Española de la Real Academia señale que este término expresa sorpresa o enfado, también es un apócope propio de *chíngale* que, además de lo anterior, denota cierta resignación de asumir las consecuencias de un descubrimiento nefando.

chin-chin. Parece interjección, onomatopeya o reproche condicional, pero es una expresión verbal dictada como *chínguese aquel que*, donde se indica que habrá represalias contra el que actúe de cierto modo o deje de hacer alguna actividad, según lo que dicte la advertencia. También se refiere a un castigo con el que se chinga a alguien que no hace lo que se espera de él.

¡chinteguas! Expresión eufemística de chingada madre que se utiliza sobre todo ante algo totalmente inesperado. La persona que lo dice, por lo regular, muestra sorpresa, pero también un enojo súbito al que no quiere subirle el tono pronunciando la palabra *chingada*, por lo que sólo enuncia la primera sílaba y termina lo que resulta, evidentemente, en un disparate.

fregada. Expresión recatada y socialmente aceptable que reemplaza categóricamente a la palabra *chingada*. Aplica en todos sus sufijos, conjugaciones y fraseología, salvo el bien ponderado *chingar a su madre*; porque nada sustituye semejante gozo.

ínguesu. Esta expresión, tristemente popularizada por un estentóreo conductor de TV, es un apócope de *chingue su madre* que, a su vez, abrevia el conjunto *chingue a su madre el Diablo*, que sirve para ahuyentar la fatalidad que propicia el Maligno. En el norte del país, se usa más con el sentido de *¡A'i se va!*. Su uso se da más en el Norte del país y es considerada más coloquial que moderada.

o te aclimatas, o te aclichingas. Frase imperativa que expresa de forma tajante y contundente que no estamos dispuestos a soportar las niñerías de alguien que se queja de todo y de todos. Normalmente, se utiliza cuando una persona no se adapta fácilmente a un lugar.

tostada. Eufemismo de *chingada;* sustituye a ésta cuando uno no puede, o no quiere, por respeto o vergüenza, quedar como un grosero y malhablado.

Frases populares, de canciones, libros y películas

«Agua de arroz, chinga tu madre
si andas con dos.»

«Al que no le guste el fuste
y el caballo no le cuadre,
que tire caballo y fuste
y chingue su madre.»

«Aquel que chingó en la vida
le dicen que es un chingonazo.
El que se chingó toda la vida y no chingó,
lo tratan a chingadazos.»

«El que vino y no tomó vino,
a qué chingados vino.»

«Si chingo, ya no me chingo
y si chingo ya chingué; si no chingo
pa' qué le sigo chingando,
al fin que toda la vida me chingué.»

«Te quiero un chingo.
Te quiere tu madre.
Tú no me quieres.
¡Chinga tu madre!»

«Y ya lo dijo el santo Padre
y lo dijo en voz en cuello:
"Que chingue a su madre Jalapa,
sólo Veracruz es bello».

Chinga Tu Madre

Sergio Vega

Voy a mandarte una carta
toda manchada con sangre,
en seis palabras te digo
vas y chingas a tu madre.

Dicen que no tienes alma
ni perrito que te ladre,
por mi parte mamacita,
vas y chingas a tu madre.

El abandonado

Elefante

Anoche pude ver cuando te fuiste
solito me quede y no dije nada
tal vez esta canción te suene triste
pero me está llevando la chingada.

Que chingue a su madre
Los cadetes de Linares

Vengo a decirle a la que no me supo amar
Que chingue a su madre
ya la voy a abandonar...

Pero mi orgullo es que yo no le sé rogar
Que chingue a su madre
ya la voy a abandonar.

Chilanga banda
Café Tacuba

Tranzando de arriba abajo
Ahí va la chilanga banda
Chin chin si me la recuerdan
Carcacha y se les retacha

«*Maldito, puto, enano cabrón, hijo de la chingada. Ojalá te peguen. Ojalá te den en toda la madre y regreses chillando como un perro. Ojalá te mueras. Ojalá se mueran tú y la puta de Leticia y las pendejas de las Osorio y el cretino cadetito de mierda y el pinche carnaval y el mundo entero.*»

José Emilio Pacheco, «La reina» en *El viento distante*

«*Podía matarlo allí mismo sin mayor trámite pero quería humillarlo, y se volvió a su novia, ¿Andas ganosa? Ahorita tú y yo nos vamos a arreglar hija de la chingada, al rato vas a saber lo que es canela.*»

Élmer Mendoza, *El amante de Janis Joplin*

—Viva México, jijos de su rechingada: tristeza, madrugada,
tostada, tiznada, guayaba, el mal dormir: hijos de la palabra.

«Eres quien eres porque supiste y no te dejaste chingar; eres
quien
eres porque te dejaste chingar y no supiste changar…»

Carlos Fuentes, La muerte de Artemio Cruz

En eso, pasó un coche y uno de los que iba adentro dijo:
—¡Adiós, licenciado!
—¡Ahora sí me llevó la chingada! —dijo Alfonso cuando se alejó
el coche—. La esposa del que pasó es amiga de mi mujer y con
seguridad va a decirle que su marido me vio dando un gallo en
Lomas de Muérdago.

Jorge Ibargüengoitia, Dos crímenes

044—5513 7627 87
TIO CARLOS.

Colofón

Este libro fue impreso y terminado en la ciudad de México en el mes
de febrero de 2010, en Encuadernaciones Maguntis.
Se formó con las familias Euphorigenic, Aller y Liberation Serif.
Coordinación de la edición: María del Pilar Montes de Oca Sicilia
Arte editorial: Victoria García Jolly
Edición: Claudia Arancio, Mariana Sáinz Santamaría
Revisión: Francisco Masse
Colaboradores: Carlos Bautista Rojas, Karla Covarrubias Molina,
María Luisa Durán, Donovan Landa, Sergio Moncada Silva,
Rafael Muñoz González, Francisco Javier Nuño Morales
Diseño: Alex Argandona Lazcano
Corrección: Jorge Sánchez y Gándara